Rolf Vortkamp
Unsere Lisa ist ein Frühchen
Das Buch für Geschwisterkinder

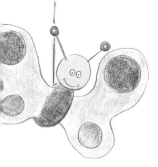

Rolf Vortkamp

Unsere Lisa ist ein Frühchen

Das Buch für Geschwisterkinder

Mit Illustrationen von Martin Speyer
Nach einer Idee von Susanne Lutz

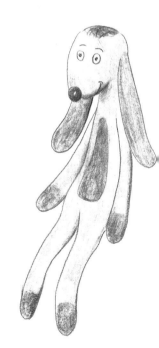

Impressum

Bibliografische Information durch die Deutsche Nationalbibliothek: Die Deutsche Nationalbibliothek verzeichnet diese Publikation in der Deutschen Nationalbibliografie; detaillierte bibliografische Daten sind im Internet über http://www.d-nb.de abrufbar.

ISBN 978-3-86268-221-8

Lektorat: Angelika Lenz
Cover- und Innengestaltung:
Elsa Ascione, www.mondmilch.de
Satz: Elsa Ascione, www.mondmilch.de
Cover- und Innenillustrationen: Martin Speyer

Hergestellt in Leipzig, Germany (EU)

14,95 Euro (D)

Hallo, ich bin Niko. Ich habe eine winzig kleine Schwester bekommen, mein Papa sagt „unser Frühchen" zu ihr. Sie ist so früh gekommen, dass sich Mama und Papa noch nicht mal einen Namen ausgesucht hatten. Eigentlich sollte sie erst Weihnachten kommen, jetzt ist sie aber schon im Sommer da. Komisch.

Das Kam so

Als ich morgens wach wurde, war meine Mama nicht da und mein Papa auch nicht. Meine Oma war gekommen und hat mir erzählt, dass der Papa die Mama ins Krankenhaus bringen musste, weil sie solche Bauchschmerzen bekommen hatte. Wahrscheinlich hat das Baby bei Mama im Bauch wieder so viel getreten und gestrampelt. Wenn ich Bauchschmerzen habe, geht meine Mama mit mir zum Kinderarzt, nicht gleich ins Krankenhaus.

Später hat Papa mir erzählt, dass Mama deshalb so starke Bauchschmerzen hatte, weil das Baby wohl rauskommen wollte. Dabei war es noch viel zu früh und das Baby noch gar nicht richtig fertig – so ein komisches Baby.

Und dann ging alles ganz schnell

Zuerst hat das Telefon geklingelt. Als ich gesagt habe: „Hier ist Niko", hat der Mann am Telefon gesagt: „Hier ist Dr. Irgendwer, kann ich mal deinen Papa sprechen?" Und Papa hat nur dreimal „Ja" ins Telefon gesagt, dann ist er zur Oma gegangen und hat gesagt: „Es muss ein Kaiserschnitt gemacht werden." Danach ist er ins Auto gesprungen und davongebraust. Was hat er damit bloß gemeint? Oma wusste es auch nicht genau, sie meinte nur, das Baby würde jetzt kommen. Ich habe den ganzen Abend gewartet, aber kein Baby ist gekommen. Mama und Papa auch nicht.

Am nächsten Morgen war dann mein Papa wieder da und hat mir erzählt, dass Mamas Bauchschmerzen so arg waren, dass die Ärzte das Baby schnell aus ihrem Bauch holen mussten. Sonst wäre es vielleicht zu gefährlich für Mama oder das Baby geworden.

Kaiserschnitt nennen die Ärzte das, wenn ein Baby aus dem Bauch geholt wird. Mein Papa meint, dass es Kaiserschnitt heißt, weil das früher nur gemacht wurde, wenn ein Kaiser auf die Welt gekommen ist. Kaiser sind ja noch empfindlicher als Könige und dürfen sich nicht anstrengen, sogar Fußballspielen ist zu anstrengend für sie.

Bei der Mama im Bauch

Also, mit den Babys ist das so: Zuerst wächst das Baby im Bauch der Mama. Am Anfang ist es winzig klein, man kann es noch gar nicht erkennen. Später kann es der Frauenarzt dann mit dem Ultraschallgerät sehen.

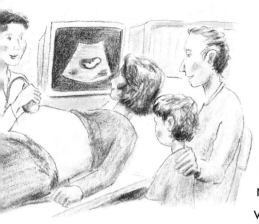

Bei den Ultraschalluntersuchungen durfte ich manchmal zugucken. Der Arzt hat mir das Baby auf dem Fernseher gezeigt. Beim Ultraschall kann man nämlich mit einem Gerät das Baby im Bauch von Mama angucken. Das tut nicht weh, ist aber ganz schmierig auf dem Bauch. Man kann sehen, wie das Baby wächst, strampelt und wie sein Herz schlägt. Ansonsten kann man aber noch nicht viel erkennen, weil es noch so winzig ist. Es muss noch richtig viel wachsen. Bei Mama im Bauch ist es kuschelig warm, feucht, dunkel und sehr gemütlich.

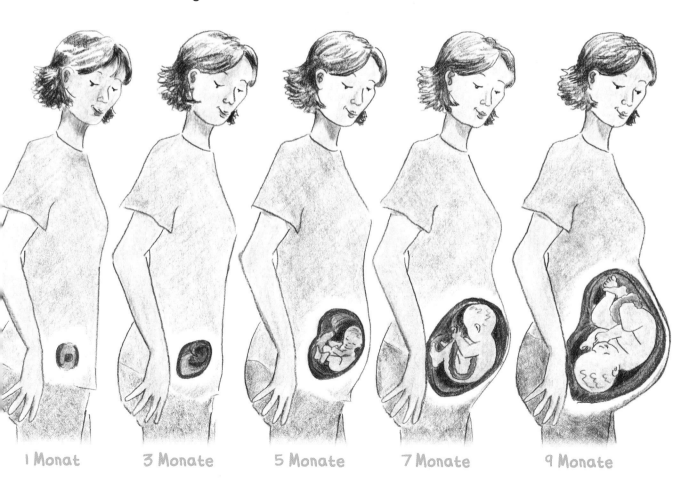

| 1 Monat | 3 Monate | 5 Monate | 7 Monate | 9 Monate |

Über die Nabelschnur, in der ganz viel Blut fließt, bekommt das Baby von Mama alles, was es braucht: Nahrung, so wie Milch, und Luft, so als würde es atmen. Das dauert alles ganz lang, neun Monate normalerweise, hat meine Mama gesagt. Also von Ostern bis Weihnachten ungefähr, den ganzen Sommer über und dann noch bis in den Winter hinein.

Manchmal will das Baby aber zu früh raus. Oder es muss aus dem Bauch der Mama geholt werden, weil das Baby oder die Mama krank ist. So war das auch bei meiner Mama und unserem Frühchen.

Was ist ein Kaiserschnitt?

Beim Kaiserschnitt macht der Arzt einen ziemlich großen Schnitt in den Bauch der Mama, meistens unten, damit man es nicht so sieht. Dann sucht er das Baby im Bauch und holt es schnell raus. Weil der Bauch so stark blutet, wenn man hineinschneidet, wird er danach schnell wieder zugenäht.

Papa hat mir erklärt, dass Mama zuerst eine Spritze bekommen hat, davon ist sie ganz fest eingeschlafen und hat nichts gemerkt von dem Schnitt und der ganzen Babysuche und dem Zunähen. Das nennt man Betäubung. Ohne diese Betäubung hätte ihr das nämlich schrecklich wehgetan. Trotzdem tut Mama der Bauch immer noch weh, wenn sie rumläuft. Er muss erst noch richtig verheilen.

Weil das Baby noch so klein und schwach ist, durfte es nicht bei Mama bleiben. Es ist sofort in ein Zimmer gekommen, wo nur Frühchen liegen, also nur Babys, die zu früh auf die Welt gekommen sind.

Viele Eltern haben sich noch keinen Namen für ihr Baby ausgedacht, weil sie denken, sie hätten noch Zeit. Wenn das Baby dann früher kommt, müssen sie sich erst einen überlegen. Bei Mama und Papa war das auch so. Jetzt finden sie, dass Lisa der richtige Name ist, also heißt meine Schwester Lisa.

Auf der Intensivstation

So nennen meine Eltern die Station im Krankenhaus, auf der Lisa jetzt ist. Hier liegen ganz viele Babys, die auch alle zu früh geboren sind, in Brutkästen. Schwestern und Ärzte passen Tag und Nacht auf, dass es ihnen gut geht.

Weil Frühchen so klein und empfindlich sind und sehr schnell krank werden können, dürfen andere Kinder wie ich sie noch nicht auf der Intensivstation besuchen. Aber Mama und Papa erzählen mir immer, wie es dort aussieht und was es Neues von meiner Schwester Lisa gibt.

Schon gewusst?
- Alle Babys bekommen nach der Geburt einen Namen.
- Den Vornamen dürfen sich die Eltern aussuchen.
- In jeder Stadt gibt es ein Buch, in das alle neuen Babys eingetragen werden. Das ist das Geburtenbuch.

Ein Brutkasten ist ein großer Glaskasten, in dem Lisa die erste Zeit wohnen darf. Sie kann hinausschauen und die Großen können hineinschauen und meine Schwester sehen. Im Brutkasten soll sie sich so wohlfühlen wie bei Mama im Bauch. Lisa muss noch mächtig wachsen und viel lernen, sagt Mama.

Deshalb ist es im Brutkasten auch warm und feucht. Lisa hat eine ganz weiche Matratze und viele weiche Kissen und Tücher. Wenn

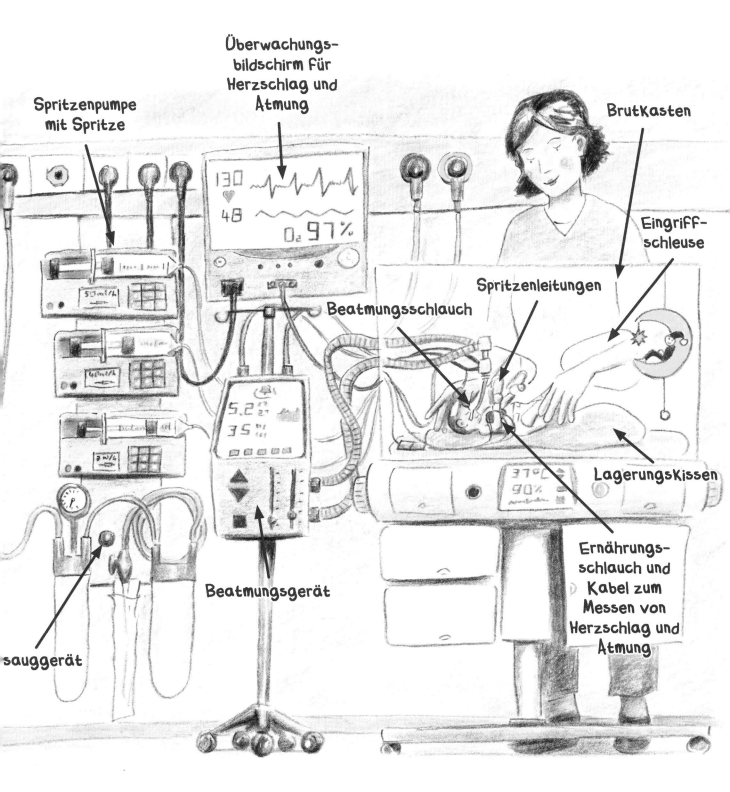

Überwachungs-
bildschirm für
Herzschlag und
Atmung

Spritzenpumpe
mit Spritze

Brutkasten

Eingriff-
schleuse

Spritzenleitungen

Beatmungsschlauch

Lagerungskissen

Beatmungsgerät

Ernährungs-
schlauch und
Kabel zum
Messen von
Herzschlag und
Atmung

sauggerät

sie schlafen möchte, wird ein Tuch über den Brutkasten gelegt, damit es drinnen schön gemütlich und dunkel ist.

Viele Kabel und Schläuche führen zu Lisa. Darüber bekommt sie alles, was sie braucht, wie bei Mama im Bauch: Milch, Zuckerlösung, Wasser, Luft. Bei den anderen Frühchen ist das natürlich auch so.

Andere Kabel führen zu einem Monitor. Hier wird wie bei einem Computer angezeigt, was Lisa macht, wie es ihr geht und ob alles in Ordnung ist mit ihr. Sie kann nichts tun, ohne dass die anderen das merken, nicht mal in die Windel machen. Das finde ich blöd. Aber man merkt auch sofort, wenn Lisa Fieber hat, ob sie gut atmet und ob das Herzchen gut schlägt. Das ist schon ganz praktisch.

Hier ist es wie in einer richtigen Fabrik mit ganz vielen Maschinen, die andauernd piepen und andere Geräusche machen. Manchmal klingelt es ganz laut, dann kommen sofort alle angerannt und gucken nach meiner Schwester. Ich glaube, die macht das immer, wenn sie Hunger hat.

Willkommen im Ein-Kilo-Club!

Heute ist Lisa ein Kilogramm schwer, das ist so viel wie ein Paket Milch. Immer noch ganz wenig, aber schon mehr als am Anfang. Das ist ja ganz klar, sie bekommt nämlich zehnmal am Tag was zu essen, meistens Muttermilch von Mama. Mama hat mir erzählt, dass ich früher auch Muttermilch aus ihrer Brust getrunken habe, jetzt sind mir Cornflakes aber lieber. Lisa kann noch nicht selbst trinken, deshalb bekommt sie die Milch über einen kleinen Schlauch direkt in den Magen, sogar wenn sie schläft.

Meine Schwester kann jetzt schon ein bisschen selbst atmen, sie hat aber noch einen Schlauch in der Nase, der ihr beim Atmen helfen soll. Ein anderer Schlauch geht zum Arm, darüber bekommt sie Medizin, damit sie schnell gesund wird, und Wasser und Zucker und was sie sonst noch so braucht. Ich wollte Papa was von meinem Eis für Lisa mitgeben, aber das darf sie noch nicht essen. Ihr Bauch ist noch so empfindlich, hat Papa gesagt. Wenn ich Bauchschmerzen habe, hilft mir ein Eis immer sehr gut.

Weil es Lisa jetzt schon besser geht, können Mama und Papa sie schon manchmal füttern und wickeln. Gestern war Papa dran und er war ganz aufgeregt. Er hat aber alles richtig gemacht, hat Mama gesagt.

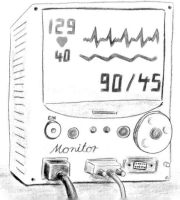

Lisas Computer piept und klingelt immer noch ganz oft, aber die Ärzte sagen, es geht ihr schon besser. Deshalb sind nur noch ein paar Kabel bei ihr angeschlossen. Die zeigen in bunten Kurven an, wie es Lisa geht. Sie kann nämlich noch kein einziges Wort sprechen.

Aber sie kann schon in die Windeln machen. Alle freuen sich, wenn die Windel voll ist. Mama hat mir erklärt, dass Lisa das auch lernen muss. Ich kann das schon, weil ich viel größer bin. Ich glaube, Lisa kann wirklich noch gar nichts selbst machen. Wenn sie erst mal zu Hause ist, übe ich mit ihr das Atmen und Trinken und Pipimachen, dann kann sie das ganz schnell. Aber es dauert noch ganz lange, bis Lisa nach Hause darf, sagen die Ärzte in der Klinik.

Im Cabrio-Brutkasten

Meine Schwester ist heute in einen Cabrio-Brutkasten umgezogen, das ist ein Glaskasten, der oben offen ist. Die Schwestern haben erklärt, dass es Lisa jetzt schon viel besser geht, und jetzt muss es auch nicht mehr so arg warm sein. Nur unter der Matratze ist eine Heizplatte, die man so einstellen kann, dass Lisa es immer schön warm hat. Sie nennen es Wärmebett. So ein Bett möchte ich auch mal haben.

Meine Mama ist ein Känguru

Meine Mama ist jetzt jeden Tag ganz lange in der Klinik. Wenn Lisa wach ist und Hunger hat, dann darf sie bei Mama an der Brust trinken. Mama darf

Lisa aus ihrem Cabrio rausnehmen und auf den Arm nehmen. Danach schläft Lisa immer bei Mama oder Papa auf der Brust oder dem Bauch – das ist etwa so, wie die Kängurus ihre Babys im Beutel tragen. Deshalb sagen Mama und Papa immer, dass sie zum Känguruen gehen. Abends, wenn ich ins Bett gehe, darf ich auch immer känguruen, das ist sehr kuschelig. Deshalb gefällt Lisa das auch so gut.

Ich finde, atmen ist ganz leicht und geht von ganz alleine. Ich glaube, ich habe noch nie vergessen zu atmen. Auch nachts wenn ich schlafe, atme ich weiter, sagt Papa. Muss ja auch sein, denn ohne Luft kann man nicht leben, das weiß ich schon.

Lisa weiß das noch nicht, sie vergisst manchmal zu atmen. Aber der Computer an ihrem Bett merkt das sofort: Piep, piep, piep macht es dann, ganz laut. Dann weiß Lisa, dass sie weiteratmen muss. Meistens kommt dann auch eine Schwester angerannt und wenn Lisa noch nicht richtig atmet, sagt die Schwester: „Hey, Lisa, weiteratmen!" Manchmal muss die Schwester Lisa sogar aufwecken, damit sie hört, was die Schwester sagt.

Meine Eltern erschrecken sich dann immer sehr, weil sie meinen, das wäre nicht gut, wenn meine Schwester nicht atmet. Sie bekommt dann zu wenig Luft und das ist gefährlich.

Ein Frühchen hat es nicht leicht

Jeden Tag kommt was Neues für Lisa. Zuerst musste sie lernen, richtig zu atmen und das auch nicht zu vergessen, dann trinken bei Mama, kuscheln und in die Windeln machen.

Sehen kann sie schon etwas. Wenn das Licht angeht, verzieht sie immer das Gesicht. Hören kann sie sehr gut, sie erschreckt sich, wenn der Computer piept, aber sie wird ganz ruhig und schläft ein, wenn Mama oder Papa ihr etwas erzählen oder vorsingen. Lisa schläft sogar ein, wenn Papa singt, und der kann gar nicht richtig singen – ich kann da jedenfalls nicht einschlafen. Deshalb höre ich lieber eine Kassette. Wir wollen jetzt eine Kassette aufnehmen. Ich erzähle Lisa die Geschichte von der kleinen Raupe Nimmersatt, weil sie auch eine Raupe Nimmersatt ist: Zehnmal am Tag essen, das gibt's ja nicht!

Turnstunde

Heute hatte Lisa ihre erste Turnstunde – ja, wirklich, die Frühchen müssen jeden Tag turnen. Da kommt eine Krankengymnastin, nimmt

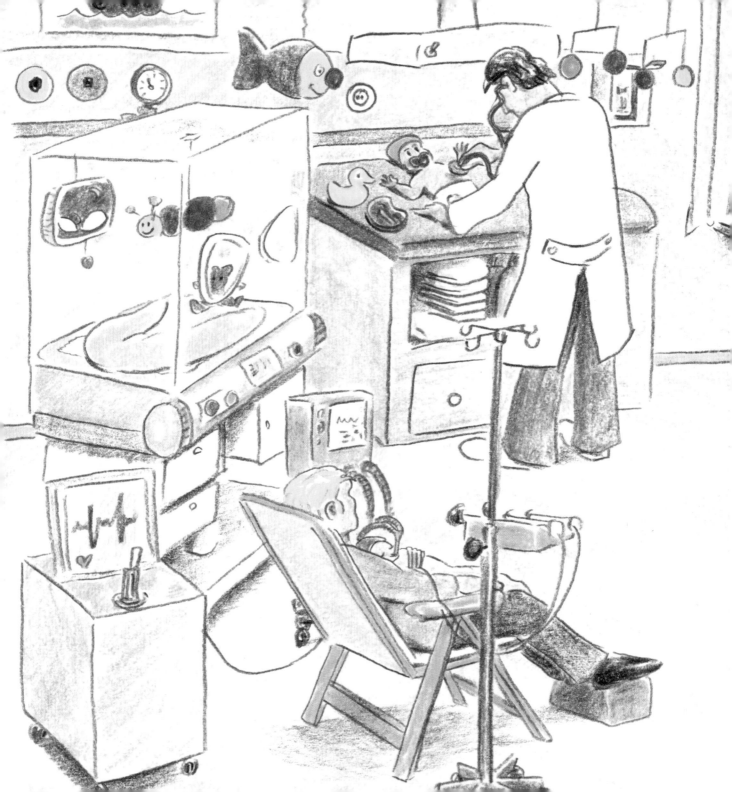

Lisa aus dem Bett, und dann muss sie turnen. Das ist ziemlich anstrengend, sagt Mama, manchmal weint Lisa und nachher ist sie immer ganz müde. Mama hat mir

erklärt, dass das Turnen ganz wichtig ist und Lisa hilft, schnell gesund zu werden. Ich fände es ja besser, wenn Lisa erst mal sprechen könnte, aber vielleicht lernt sie ja Fußball spielen, das wäre auch gut.

Auf die Intensivstation dürfen Kinder nicht, deshalb konnte ich Lisa bisher auch nicht besuchen, aber ich habe schon viele Fotos von ihr gesehen. Zuerst war sie winzig klein und sehr empfindlich. Langsam ist sie gewachsen und hat viel gelernt. Jetzt liegt sie schon in einem richtigen Bettchen auf einer ganz normalen Station in der Kinderklinik.

Besuch in der Kinderklinik

Heute durfte ich das erste Mal meine Schwester besuchen. Als wir in die Klinik kamen, hat Lisa geschlafen. Sie lag in einem kleinen Bett mit einem Schlafsack. Die Kabel für den Monitor gehen von Lisa zu einem Fernseher über ihrem Bett, da kann man sehen, ob mit Lisa alles okay ist. Aber das braucht sie bald nicht mehr, sie kann ja jetzt schon ganz alleine atmen.

Dann ist Lisa wach geworden und hat sofort angefangen zu weinen. Mama meint, sie hat Hunger, aber dann sofort losheulen? Na ja, sprechen kann sie ja noch nicht.

Mama hat Lisa auf den Arm genommen und getröstet. Ich durfte sie auch mal auf den Arm nehmen und streicheln. Ich durfte Lisa ganz vorsichtig die Flasche geben, meine Mama hat gut aufgepasst. Lisa kann nämlich noch nicht so schnell trinken und kann sich verschlucken. Deshalb muss sie auch immer wieder eine Pause beim Trinken machen.

Sie ist wirklich noch ganz klein. Meine Hand ist viel größer als ihre Hand, die kann ich in meiner Hand verstecken. Papa sagt immer Zwerg zu mir, weil ich noch nicht so groß bin wie er.

Lisa ist aber noch viel, viel kleiner, deshalb sage ich jetzt Mini-Zwerg zu ihr.

Jetzt darf ich ganz oft mit in die Kinderklinik und meine Schwester Lisa besuchen. Weil sie meine Stimme schon gehört hat, als sie noch im Bauch von Mama war, kennt sie mich schon. Jetzt freut sie sich immer, wenn ich sie besuche. Ich mich natürlich auch!

Schon gewusst?
- Alle Babys müssen zum Kinderarzt, auch wenn sie gesund sind.
- Der Kinderarzt untersucht die Babys und erklärt den Eltern, was für Babys wichtig ist.
- Der Kinderarzt impft die Babys und Kinder. Die Spritze tut zwar ein bisschen weh, aber dann werden die Kinder nicht so schnell krank.

Weihnachten kommt Lisa nach Hause

In der letzten Zeit ist Lisa ganz viel gewachsen, sie hat endlich gelernt, dass sie nicht aufhören darf zu atmen, sie kann schon viel schreien, die Windeln immer vollmachen und auch aus der Flasche trinken. Nur beim Turnen geht es nicht voran. Mama und Papa machen das mit dem Turnen jetzt immer selbst, wenn die Krankengymnastin nicht da ist. Aber wie soll Lisa Fußball spielen, wenn sie noch nicht mal stehen kann? „Zu klein", sagt Papa. „Ach so", sage ich. Sprechen kann sie auch noch nicht. Ich übe schon ganz viel mit ihr, damit sie es schnell lernt.

Lisa hat nun schon ein richtiges Kinderbett im Krankenhaus, so wie das bei uns zu Hause. Die Kabel sind alle abgebaut, es gibt auch keinen Computer mehr. Sie schläft und atmet und trinkt und schreit – alles ganz allein.

Jetzt müssen die Ärzte alles noch mal durchchecken und viele Untersuchungen machen. „Wie beim TÜV", sagt Papa. Nur dass beim TÜV Autos und nicht Babys durchgecheckt werden. Und ein gelbes Heft mit vielen Stempeln hat Lisa auch, da wird alles reingeschrieben, was Lisa schon kann.

Mama und Papa müssen jetzt auch noch viel lernen: Lisa richtig halten, wickeln, baden und so was. Bei mir mussten sie das nicht lernen, da konnten sie es schon. „Das müssen wir lernen, weil Frühchen empfindlicher sind als Babys, die schon die richtige Größe haben, wenn sie auf die Welt kommen", sagt Mama.

Vorbereitungen

Meine Eltern sind ganz aufgeregt. Sie haben Lisas Zimmer neu angestrichen, gelb und blau mit vielen Sternen. Und ein neues Kinderbett haben sie auch gekauft. Außerdem eine Wickelkommode, einen Teppich, Spielzeug und noch mehr Sachen.

Sie rennen dauernd in Lisas Zimmer und gucken, ob sie nichts vergessen haben: Schlafsack, Strampler, Windeln, Spieluhr und so weiter. Ehrlich gesagt, ich bin auch ziemlich aufgeregt. Ich darf jetzt ganz oft mit in die Klinik und meine Schwester sehen. Manchmal darf ich beim Baden und Wickeln zusehen, das macht Spaß.

Meine Eltern zeigen mir, was Lisa schon alles kann: trinken, schlafen, turnen. Aber sie muss noch viel lernen, wenn sie zu Hause ist.

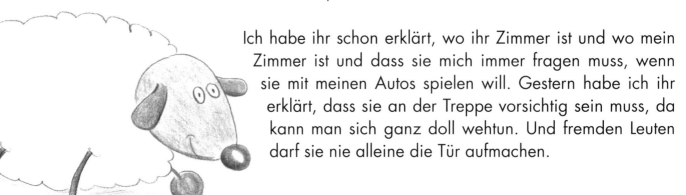

Ich habe ihr schon erklärt, wo ihr Zimmer ist und wo mein Zimmer ist und dass sie mich immer fragen muss, wenn sie mit meinen Autos spielen will. Gestern habe ich ihr erklärt, dass sie an der Treppe vorsichtig sein muss, da kann man sich ganz doll wehtun. Und fremden Leuten darf sie nie alleine die Tür aufmachen.

Eigentlich sollte Lisa ja erst Weihnachten geboren werden, ist dann aber schon im Sommer gekommen. Weil ihr die Zeit bei der Mama im Bauch gefehlt hat, musste sie erst in der Klinik lernen, ein richtiges Baby zu werden. Jetzt hat sie es aber geschafft. Sie ist jetzt ein richtiges Baby, hat die Ärztin mir gesagt und es auch gleich in Lisas gelbes Heft geschrieben.

Meine Schwester ist superanstrengend

Ich habe mich so auf Lisa gefreut. Jetzt ist sie schon eine Weile zu Hause und sehr anstrengend. Dauernd will sie was: trinken, gewickelt werden, rumgetragen werden, vorgelesen bekommen. Mama und Papa rennen dauernd in Lisas Zimmer und machen irgendwas. Sogar turnen muss sie, auch wenn sie müde ist. Fast jeden Tag fahren meine Eltern mit Lisa zu Untersuchungen oder zum Turnen.

Und wenn meine Schwester mal schläft, dann hat Mama auch keine Zeit. Dann muss sie Essen machen, Wäsche waschen, einkaufen und alles Mögliche andere tun.

Nur abends, beim Känguruen, haben meine Eltern immer viel Zeit für mich. – Ich glaube, ich möchte auch mal ein Frühchen werden.

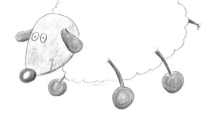

Weitere Informationen zum Thema Frühgeborene
und viele Links finden Sie auf der Internetseite
www.geschwisterbuch.de.

Geschwisterbücher zu folgenden Themen
erscheinen in Kürze:

Krampfanfälle

Herzfehler

Zuckerkrankheit

Krebs bei Kindern

Weitere Informationen und
Vorbestellungen ebenfalls unter
www.geschwisterbuch.de.